LA LUMIÈRE SUR PANAMA

ANALYSE & CRITIQUE

DU

RAPPORT LU PAR M. FERDINAND DE LESSEPS

A L'ASSEMBLÉE GÉNÉRALE

DES ACTIONNAIRES DE LA COMPAGNIE DU CANAL

le 29 Juin 1882

Chances et Mode d'Exécution de ce Canal

COMPARÉ A CELUI DE NICARAGUA

> Au milieu de l'épaisse obscurité de l'affaire de Panama, j'ai cru convenable d'éclairer un peu la maison de verre dont, au Congrès, nous parlait M. de Lesseps, afin que, selon son désir, on puisse voir ce qui s'y passe.
>
> Ar.-P. Blanchet,
> du Nicaragua.
>
> Juillet 1882.

PRIX : 1 FRANC

PARIS

LIBRAIRIES

JULES LECUIR et Cie	E. DENNÉ
17, rue Montmartre	15, rue Monsigny

1882

LUMIÈRE SUR PANAMA

LA
LUMIÈRE SUR PANAMA

ANALYSE & CRITIQUE
DU

RAPPORT LU PAR M. FERDINAND DE LESSEPS

A L'ASSEMBLÉE GÉNÉRALE

DES ACTIONNAIRES DE LA COMPAGNIE DU CANAL

le 29 Juin 1882

Chances et Mode d'Exécution de ce Canal

COMPARÉ A CELUI DE NICARAGUA

> Au milieu de l'épaisse obscurité de l'affaire de Panama, j'ai cru convenable d'éclairer un peu la maison de verre dont, au Congrès, nous parlait M. de Lesseps, afin que, selon son désir, on puisse voir ce qui s'y passe.
>
> AR.-P. BLANCHET,
> du Nicaragua.
>
> Juillet 1882.

PRIX : 1 FRANC

PARIS

LIBRAIRIES

JULES LECUIR ET Cⁱᵉ | E. DENNÉ
17, rue Montmartre | 15, rue Monsigny

1882

TEXTE

AVEC ANNOTATIONS & CRITIQUES

DU

RAPPORT LU PAR M. FERDINAND DE LESSEPS

A l'Assemblée générale du 29 Juin 1882

DE LA COMPAGNIE DU CANAL DE PANAMA

EXTRAIT du Bulletin du Canal interocéanique par Panama du 1er Juillet suivant (1)

Assemblée générale ordinaire

Le programme d'exécution du Canal maritime, dont nous avions indiqué les lignes principales dans vos assemblées constitutives des 31 janvier et 3 mars 1881, a été suivi ponctuellement. *Les résultats acquis améliorent la situation que nous vous avions exposée* (2).

« Les premiers mois de travaux effectifs, avions-nous dit, per-
» mettront de faire en grand l'expérience pratique de la meilleure
» utilisation des appareils, des procédés préférables d'exécution,
» des modes de transport donnant les résultats les plus avanta-
» geux. C'est alors que les commandes définitives de matériel,
» mûrement étudiées, seront faites en connaissance de cause. »

Et nous ajoutions : « Avant la fin de 1882, le matériel définitif
» fonctionnera, la période d'organisation sera terminée, et dans
» la sixième année suivante le Canal pourra être inauguré. »

Avant de vous présenter le compte rendu des travaux exécutés et le résumé du programme de la prochaine campagne, nous

---

(1) J'ai tenu à reproduire textuellement dans son entier le Rapport lu par M. de Lesseps, pour bien démontrer que je n'en ai ni faussé, ni altéré, ni exagéré le sens, et que mes appréciations, résultant uniquement de faits avancés par lui, n'en sont que plus exactes et mieux fondées.

(2) On va voir quels sont ces résultats.

tenons à formuler les principes que nous avons adoptés, d'accord
ave nos habiles entrepreneurs, MM. Couvreux et Hersent.

*On aurait pu, avec des machines de diverse nature, commen-
cer le creusement du canal maritime sur plusieurs points, et
modifier les plans d'exécution ainsi que l'emploi des engins, au
fur et à mesure que l'expérience serait venue imposer des chan-
gements. Nous avons préféré, procédant avec une apparente
lenteur, ne rien livrer au hasard et n'avancer qu'avec des certi-
tudes* (1).

La confiance que les actionnaires du Canal de Panama nous
ont témoignée, *nous a permis de ne rien sacrifier à l'impatience
de ceux qui auraient préféré voir l'Isthme américain entière-
ment attaqué ; nous nous félicitons de la décision que nous avons
prise, puisque les événements l'ont justifiée.*

*En effet, les études continuées et les travaux exécutés depuis
notre constitution ont considérablement amélioré le problème
que nous avions à résoudre.*

Les terrains à enlever pour assurer une communication directe
entre les deux mers, et qui avaient été divisés en *« Terres
ordinaires » et « Roches dures », ces dernières en très grande
proportion, ne se trouvent composés, en réalité, que de sables, de
terres, de roches tendres, en un mot de terrains faciles* (2) à enle-

---

(1) Ainsi, on est obligé de constater qu'il n'y a rien de fait ; c'est
tellement vrai qu'on n'a pas même exécuté la moitié de la percée
dans les broussailles qui couvrent le sol. (Voir la carte annexée au
Bulletin du Canal interocéanique).

(2) Les teintes de la carte disent le contraire et représentent au
moins la moitié du massif en roches de la nature de dureté de celles
du Mont-Cenis et du Saint-Gothard. Mais passons.

C'est une grande erreur de M. de Lesseps de présenter la solution
du problème comme d'autant plus améliorée par la substitution à la
roche dure de *terrains sans consistance.*

Extraction en roche dure.

Avec la roche dure, le Canal, dans l'hypothèse qu'on le creuserait,
aurait ses parois presque à pic, avec *un dixième à 1/5* d'inclinaison
seulement, presque sans augmentation de largeur de la tranchée au
sommet, et par suite le volume de déblais à en extraire aussi réduit
que possible, soit seulement 150 millions environ de mètres cubes,
en y comprenant ceux des deux canaux d'assainissement latéraux.

ver avec des dragues et des excavateurs, et très-peu, relativement,
de ces roches dures qui nécessitent des travaux de la nature de

Tranchée dans un sol sans consistance.

Avec un sol sans consistance, c'est autre chose. Il faudrait aux berges
du canal depuis 1 à 1 1/2, 2, 2 1/2 pour 1 d'inclinaison et même
quelquefois plus. Ce qui porterait la tranchée au sommet de la Culebra à environ 300 mètres d'ouverture de gueule, et partout ailleurs
dans une même proportion en rapport avec la hauteur, tant pour le
Canal maritime que pour les deux canaux d'assainissement latéraux.

Masse des déblais, 400 millions mètres cubes. — Idée de cette masse.

Ce serait alors comme 400 millions de mètres cubes de déblais pour
les trois (les calculs ci-après vont le prouver) ; c'est-à-dire *cinq* fois
plus qu'à Suez. *De quoi enfouir toute la superficie de Paris sous 11 mètres
50 de hauteur de déblais.*

Où mettrait-on ces 400 millions de mètres cubes ? A Suez qui, en
définitive, n'était que le travail bien simple d'un grand fossé à exécuter dans du sable sain, les 75 millions de déblais en provenant ont
été immédiatement jetés à droite et à gauche sur les côtés, tout le
long du canal.

A Panama, pas d'autre alternative que de conduire les 400 millions
de mètres cubes à en provenir aux deux extrémités, à la mer, ou de
les hisser sur les montagnes environnantes, ce qui ne serait pas un
petit travail, ainsi qu'on peut facilement s'en rendre compte en cal-
culant que si *on les empilait sur toute la surface du Champ-de-Mars, avec
parois verticales et non inclinées, ils feraient une montagne de 750 mètres
d'élévation.* Conique, cette montagne serait de beaucoup la plus haute
de France.

C'est là cette économie si considérable dont nous parle M. de Lesseps qui, sans doute, n'a pas réfléchi à cela.

Temps nécessaire à l'évacuation des déblais de Panama.

Veut-on maintenant savoir le temps que nécessiterait le transport
de ces matériaux sur les montagnes ou à la mer ?

En admettant, ce qui nécessiterait de nombreuses voies ferrées,
15 trains par heure, soit 360 trains par 24 heures, avec travail inin-
terrompu de jour et de nuit, et 365 jours de travail par an, sans par
conséquent aucune interruption pour fêtes et dimanches, ni pour
mauvais temps de la saison des pluies, et 100 mètres cubes de
déblais par train de 25 wagons, de manière à transporter ainsi
36,000 mètres cubes par 24 heures, ce travail nécessiterait 11,210
jours, soit 30 ans 8 mois 20 jours.

Mais comme on ne travaillerait guère en réalité que la moitié ou
le tiers de ce temps, ce serait de 61 à 92 ans.

ceux du creusement des tunnels du Mont-Cenis et du Saint-Gothard.

Calcul des Déblais de Panama.

Voici maintenant la preuve du cubage des déblais à faire à Panama :

Premièrement. — Du 1er au 35e kilomètre — longueur, 35,000 mètres. Profondeur moyenne de la tranchée, 20 mètres. Largeur au plafond, 25 mètres.

Nota. — A Suez, la largeur du plafond est de 22 mètres seulement, mais très-insuffisante, au point que les navires touchent souvent de côté contre le sable, mais alors comme sur un matelas, sans grand inconvénient, ce qui serait au contraire très-grave à Panama, où ils frotteraient contre des roches et seraient promptement crevés.

Inclinaison des berges de cette première section **2 1/2** pour **1**, en raison du peu de tenue des terrains, ne consistant le plus souvent qu'en vases liquides et sol d'alluvion.

En ne donnant que cette inclinaison, je suis bien au-dessous de celle réellement nécessaire.

A Suez, l'inclinaison des berges n'est que sur un seul point de **2 1/4** seulement, partout ailleurs elle est de **4 1/2 à 5** pour **1**, ainsi qu'il résulte des chiffres suivants : A la ligne de flottaison, 58 mètres de largeur à El Guïshr où, par exception, c'était un sable ferme et compacte, et partout ailleurs 100 mètres pour un tirant d'eau de 8 mètres et une largeur au plafond de 22 mètres. Ces chiffres donnent respectivement une inclinaison de 2 1/4 pour 1, à El Guïshr, et de 4 1/2 à 5 pour 1 partout ailleurs.

C'est, d'ailleurs, cette même *inclinaison de* **4** *à* **5** *pour* **1**, appliquée à Suez, qu'on va également appliquer de Colon à Gatun, ainsi que le prouvent les chiffres ci-après. Cette section, qui est de 9,000 mètres de longueur, est donnée à des entrepreneurs américains pour 6,000,000 mètres cubes de déblais. Elle est toujours en terrains bas et marécageux, à peine d'un mètre en moyenne au-dessus du niveau de la mer, ce qui suppose à la tranchée une moyenne de 10 mètres de profondeur.

$$\frac{6,000,000^{m3}}{9,000^{m}} = 6,666^{m3}$$ par mètre courant, ce qui donne à la surface de section de la tranchée 6,666^{m2}. Cette tranchée, avec 25 mètres de largeur à la base (on se propose même de ne lui donner que de 18 à 20 mètres), doit avoir au sommet une largeur de 108 m. 32 c., ce qui, pour 10 mètres de profondeur, donne 41 m. 46 c. d'élargissement de chaque côté, soit *une inclinaison de* **4,14** *pour* **1**.

La largeur du Canal sera ainsi au sommet de :

Cette constatation, qui nous assure une économie considérable sur le prix de revient du mètre cube à extraire, eût rendu inu-

1° Largeur du plafond du Canal................... 25 mètres.
2° Inclinaison d'une berge **2 1/2** pour 20 mètres..... 50 —
3° Égale inclinaison pour l'autre berge........... 50 —

Total de largeur au sommet..... 125 mètres.
Largeur à la base................................. 25 —

Ensemble...... 150 mètres.

Ce qui donne une largeur moyenne de 75 m.

La surface de section est égale à $75^m \times 20^m$, profondeur moyenne de tranchée, $= 1,500^{m2} \times 35,000$ mètres, longueur de tranchée $= $ .... $52.500.000^{m3}$

Deuxièmement. — Du kilomètre 35e au 50e, soit 45,000 mètres.

Profondeur moyenne de tranchée, 50 mètres.

Inclinaison des berges, 1 1/2 pour 1.

On a ainsi largeur de tranchée au sommet 175^m

A la base 25

Ensemble.... 200^m

Moyenne 100 mètres.

$100^m \times 50^m = 5,000^{m2} \times 15,000^m = $ .... $75.000.000^{m3}$

Troisièmement. — Du kilomètre 50e au 52e 1/2, soit 2,500 mètres.

Profondeur moyenne de tranchée, 80 mètres.

Inclinaison moyenne, 1 1/2 pour 1.

On a ainsi largeur de tranchée au sommet. 265^m

A la base...................................... 25

Ensemble.... 290^m

Moyenne $145^m \times 80^m = 11,600^{m2} \times 2,500^m = $ .. $29.000.000^{m3}$

Quatrièmement. — Du kilomètre 52 1/2 au 55e, soit 2,500 mètres.

Profondeur moyenne de tranchée, 100 mètres, en raison de la largeur à lui donner, qui oblige à attaquer les montagnes de chaque côté du col, n'ayant guère aujourd'hui plus que la largeur nécessaire au passage du chemin de fer.

Inclinaison moyenne, 1 1/2 pour 1.

A reporter............... $156.500.000^{m3}$

tilisable tout un matériel important et coûteux, si nous nous fussions trop hâtés de le commander (1).

		Report..............	156.500.000ᵐ³
Largeur de tranchée au sommet...........	325ᵐ		
A la base.............................	25		
	Ensemble....	350ᵐ	

Largeur moyenne 175ᵐ × 100ᵐ = 17,500ᵐ²
× 2,500ᵐ = ... 43.750.000ᵐ³

Cinquièmement. — Du kilomètre 55ᵉ au 60ᵉ, 5,000 mètres.

Profondeur moyenne, 60 mètres.
Inclinaison, 1 1/2 pour 1.

Largeur de la tranchée au sommet.........	205ᵐ
A la base.............................	25
Ensemble....	230ᵐ

Moyenne 115ᵐ × 60ᵐ = 6,900ᵐ² × 5,000ᵐ = ... 34.500.000ᵐ³

Montant du vide de la tranchée du Canal....... 255.750.000ᵐ³
Ajouter pour garages, élargissements et autres imprévus 10 0/0.................................... 25.575.000ᵐ³

TOTAL général pour vide de la tranchée du Canal 281.325.000ᵐ³

Deux canaux d'assainissement latéraux pour recevoir les eaux des rivières, chaque côté, et les conduire à la mer.

Côté nord du Canal, pour recevoir le Chagres et ses affluents sur le versant de l'Atlantique et autres rivières sur le versant du Pacifique, beaucoup de montagnes à couper, environ.................... 50.000.000ᵐ³
Côté sud, environ........................... 5.000.000ᵐ³

Total des déblais en vides à opérer.............. 336.325.000ᵐ³
Augmentation du volume des déblais par foisonnement lors de l'extraction, environ 1/5........... 67.265.000ᵐ³

Volume total des déblais à transporter : **quatre cent trois millions cinq cent quatre-vingt-dix mille mètres cubes, ci**.................................... 403.590.000ᵐ³

---

(1) On l'avoue encore : on ne sait pas quand on commencera, puisque le matériel d'exécution n'est même pas commandé, et qu'on prolongera la période d'organisation définitive au-delà du terme primitivement assigné.

Nous prolongerons donc, s'il le faut, la période d'organisation définitive au-delà du terme que nous lui avions assigné dans notre programme, afin que chacun de nos chantiers mis en travail soit réellement définitif. La période d'exécution en deviendra plus courte, et nous arriverons ainsi à l'achèvement du Canal maritime, à la date fixée, plus sûrement et plus économiquement.

Dès janvier 1881, nous avons expédié dans l'Isthme un nombreux personnel d'ingénieurs, d'opérateurs et d'ouvriers, avec les matériaux nécessaires aux premières installations.

Ces pionniers ont pris possession du terrain, ont construit des habitations, des magasins, des campements.

Nos ingénieurs, avec un dévouement qui ne s'est jamais démenti, ont procédé aux nivellements et aux relevés topographiques et hydrographiques nécessaires, pour déterminer exactement la meilleure ligne de creusement du Canal maritime, le meilleur emplacement de ses ports, au double point de vue des facilités à assurer à la navigation et de la moindre dépense d'exécution.

De puissants appareils de forage, à vapeur, fonctionnant sans interruption, nous ont fourni de précieuses données, au moyen desquelles nous avons pu constater la vraie nature des terrains de l'Isthme.

Pendant que nos études se poursuivaient, une première série d'engins, — dragues, bateaux-porteurs, chalands, remorqueurs, pontons-bigues, grues, excavateurs, locomotives et wagons, — étaient successivement expédiés.

A Colon, sur l'Atlantique, grand port de réception, on construisait de grandes cales de montage, partout où le terrain le permettait. La formation du personnel, le meilleur pour ces travaux spéciaux, n'a pas été sans nous créer des difficultés. Elles sont maintenant surmontées ; sous la direction de Colombiens, Européens et Américains bien choisis, des travailleurs venus principalement des Antilles et de Colombie nous donnent pleine satisfaction. Trois des quatre premières dragues expédiées ont été lancées, ainsi qu'un ponton de cinq tonnes et douze chalands.

Les dix premières locomotives commandées, quatre excavateurs et deux cent trente wagons ont été montés.

Deux remorqueurs destinés à nos chantiers se sont rendus sur vapeur d'Angleterre à Colon ; un porteur de déblais est en route, par la même voie ; une drague marine doit partir, dans les mêmes conditions, au mois d'août prochain, et arriver à Colon prête à fonctionner.

Nos magasins ont été largement approvisionnés d'outils, d'appareils et de matières de toute espèce.

C'est en novembre dernier (1881), que les études achevées permirent de fixer les conditions d'installation de plusieurs chantiers d'excavation et de terrassement ; le 25 novembre, la commission supérieure consultative des travaux se réunissait à Paris, pour examiner les résultats des études faites, fixer la ligne du Canal dans les tronçons qui pouvaient être approuvés et piquetés sur le terrain, arrêter enfin le programme des travaux des premiers chantiers.

Cette commission, composée d'officiers généraux de la marine, d'inspecteurs généraux et d'ingénieurs en chef appartenant aux corps des mines et des ponts et chaussées, arrêta le programme suivant :

1° Exécution à la drague, suivant l'axe du Canal, d'un chenal de service entre Colon et Gatun, sur une longueur de dix kilomètres ;

2° Etablissement d'un terre-plein à Colon, pour l'installation des ateliers, de la scierie, des magasins, des cales de montage et de réparations, des abris pour le matériel roulant, des bureaux et des habitations et constructions, avec un môle de défense, d'un wharf pour l'accostage et le déchargement des navires apportant du matériel et des approvisionnements ;

3° Ouverture d'un chantier d'excavation à sec, pour remblayer l'emplacement du terre-plein ;

4° Ouverture de plusieurs chantiers d'excavation à sec sur le massif montagneux de la Culebra, au milieu de l'Isthme, et dans les environs, première coupure de la grande tranchée du Canal maritime, travail permettant d'étudier la nature des terrains, les pentes à donner aux talus, et de commencer, avec les déblais provenant de la fouille, l'établissement de voies par

lesquels ces déblais seraient transportés, vers l'emplacement du
grand barrage du Chagres, à Gamboa.

Pour l'exécution de ce programme, on a procédé à l'achat des
propriétés que la ligne des travaux traversait ; on a déboisé
toute la zone de la tranchée ; des centres d'habitations ont été
construits.

Ces centres d'habitations, créés en des points bien choisis, sur
des hauteurs naturelles à proximité des chantiers, comprennent
des maisons pour les ingénieurs, les contre-maîtres, les ouvriers
américains ou européens, et des baraquements ou des *ranchos*
pour les noirs. Les baraquements abritent de 400 à 600 ouvriers ;
les maisons, de 30 à 50 personnes. Chaque centre aura son
hôpital-ambulance de 40 lits, son poste télégraphique, son magasin et son atelier. Les indigènes, groupant leurs cases autour de
ces villages, en approvisionnent les habitants.

Les principaux centres sont, en descendant vers l'Océan
Atlantique, Paraiso, Culebra, Emperador, Obispo, Gamboa,
Gatun, Monkey-Hill et le terre-plein de Colon.

*Le grand chantier central de la Culebra a été solennellement
inauguré à Emperador, le 21 janvier dernier, en présence des
autorités colombiennes* (1), des notabilités du pays et de nombreux
étrangers. Quelques semaines ensuite, les chantiers du sommet
de la Culebra et du Bas-Obispo inauguraient également les travaux ; on creusait des cunettes à la pelle pour recevoir les grosses
machines, on posait des rails sur les voies de terrassement, pour
le mouvement des locomotives, des wagons et des excavateurs.

A Colon, tête de ligne à l'entrée du Canal maritime, pour
l'arrivée des machines et approvisionnements, les travaux ont
pris rapidement l'importance qu'ils devaient avoir. A l'embouchure de Folks-River, un point qu'abrite absolument l'île ou la
ville de Colon-Aspinwall a été bâtie, entre la ligne du chemin
de fer et la baie, nous avons choisi un emplacement d'une superficie de 25 hectares, où seront établis définitivement les habitations, les magasins et les ateliers.

---

(1) Comédie-farce qui n'a été qu'une occasion de boire beaucoup
de champagne et de faire beaucoup de bruit, mais sans que le travail soit venu par la suite confirmer l'inauguration.

Pour remblayer ce terre-plein et l'approprier rapidement à sa destination, après l'avoir déboisé, *un chantier de terrassement à l'excavateur a été établi aux collines de Monkey-Hill, à un kilomètre et demi du chemin de fer. Ce chantier fournit les remblais au moyen desquels de nombreuses voies ferrées et des plates-formes pour les bâtiments ont été vite établies* (1). Ce terre-plein, tout à fait désert il y a quelques mois, sera bientôt une véritable ville de travail.

C'est à l'extrémité du terre-plein qu'est construit le môle destiné à abriter la surface d'eau et les quais où vapeurs et voiliers viendront bientôt, en pleine sécurité, opérer leurs débarquements.

A l'autre extrémité du Canal, sur l'Océan Pacifique, à Panama, l'achat d'un grand hôtel nous a permis de centraliser, dans des conditions excellentes, dans des bureaux sains, commodes et bien aérés, nos divers services jusqu'alors trop disséminés dans la ville.

L'installation télégraphique comprend actuellement un fil direct entre Colon et Panama et un fil omnibus reliant les chantiers sur toute la ligne. Des communications téléphoniques ont été établies entre les chantiers du terre-plein de Colon et le chantier d'excavation de Monkey-Hill.

Les transports de personnel et de matériel s'effectuent principalement par le chemin de fer de la Panama-Rail-Road Company, traversant l'Isthme parallèlement à la ligne de nos travaux actuels.

Des wagons spéciaux nous appartenant et un vaste magasin d'entrepôt, près de la gare de Panama, facilitent beaucoup nos opérations de transport.

Au moment où ces grands travaux d'organisation étaient en pleine activité, au mois de janvier dernier, M. Hersent, l'un des chefs de l'entreprise Couvreux et Hersent, se rendit dans l'Isthme pour y étudier personnellement les meilleures conditions de marche du matériel et le développement des chantiers. Notre ingénieur-conseil, M. Dauzats, faisait le même voyage pour pré-

---

(1) A la fin de mars, il n'avait pas été transporté 1,000 mètres cubes de remblais.

parer, d'accord avec M. Hersent, le programme de notre deuxième campagne à soumettre à la décision de notre Conseil.

La rédaction de ce programme s'est trouvée singulièrement simplifiée par quelques faits que nous avons à vous exposer et dont l'importance ne vous échappera pas.

Le 16 février dernier, des entrepreneurs de San-Francisco, MM. Huerne, Slaven et Cie, se sont engagés par contrat à creuser le Canal maritime, dans toute sa largeur et toute sa profondeur, entre Colon et Gatun, et au-delà, jusqu'à concurrence de six millions de mètres cubes. Ces dragages seront effectués au prix de *un franc cinquante centimes* par mètre cube. Si la tâche que MM. Huerne, Slaven et Cie ont entreprise, comportait plus de six millions de mètres cubes de déblais, le prix de l'excédant serait réduit à *un franc vingt-cinq centimes* le mètre.

L'expérience de ces entrepreneurs, qui ont déjà exécuté de grands travaux publics aux États-Unis, nous garantit leur énergie et leur habileté. Nos *équipes déboisent actuellement, entre Colon et Gatun, la zone de terrain que ces entrepreneurs viendront attaquer en août, avec leur matériel et leur personnel.*

Nos dragues, de ce côté, et simultanément, *approfondiront* les abords du wharf, *parachèveront* le terre-plein de Colon, et se rendront à Gatun où elles *exécuteront* la coupure d'une boucle du Chagres. Un chantier d'excavation à sec *sera installé* sur ce point, pour coopérer au prompt achèvement de cette coupure. Les autres dragues disponibles *creuseront le Canal maritime en amont de Gatun, c'est-à-dire au-delà du tronçon confié à MM. Huerne, Slaven et Cie* (1).

Après Gatun, deux chantiers d'excavation à sec *seront ouverts*, en amont et en aval du village de Gorgona, pour commencer l'excavation du Canal maritime à toute largeur. D'autres chantiers semblables, entre Gorgona et Buena-Vista, *prépareront*, au moyen

---

(1) On voit bien qu'il n'y a encore rien de fait, puisque tout est à commencer, tout est au futur, qu'on doit même se féliciter de la *prudence* qu'on a eue de ne commander qu'une faible partie du matériel, etc., etc. Et cependant on a déjà dépensé une grande partie des 150 millions de francs des deux premiers versements de la souscription-actions. Et la grande préoccupation de M. de Lesseps est de faire de nouvelles centaines de millions — comme on va le voir.

des excavateurs, le travail des dragues ; les chantiers de la région montagneuse déjà ouverts, au Bas-Obispo, à Emperador et à la Culebra, *recevront* la plus grande extension possible.

Trois chantiers nouveaux, intermédiaires, *seront installés*, l'un entre Bas-Obispo et Emperador, l'autre entre Emperador et la Culebra, le troisième sur le versant du Pacifique.

Vingt-neuf excavateurs, vingt-deux locomotives, et cinq cent dix wagons *desserviront* ces chantiers excavant la grande tranchée et préparant les voies de décharge par lesquelles les déblais *seront transportés* au barrage de Gamboa.

A propos de cette série de matériel, *actuellement en construction, nous devons encore nous féliciter de la prudence avec laquelle nous avons fait nos commandes, car les premiers engins expédiés, mis en travail, nous ont montré les améliorations, les modifications qne le caractère du sol et les habitudes des ouvriers du pays nécessitaient pour obtenir des rendements satisfaisants.*

Pendant que ces nouveaux chantiers fonctionneront, *nous achèverons en toute connaissance de cause, et définitivement,* les études du barrage de Gamboa, des rigoles du Chagres et de l'hydrographie de la Baie de Panama ; *nous continuerons, sur les points laissés momentanément en dehors du travail, les déboisements, les installations d'employés et d'ouvriers et les sondages.*

Un engagement semblable à celui que MM. Huerne, Slaven et Cie ont pris pour l'exécution de dix kilomètres de canal du côté de Colon, nous a été offert par une Société américaine, très-expérimentée, pour l'exécution complète de dix autres kilomètres de canal du côté de Panama, à des conditions avantageuses.

Le résultat de nos sondages, de nos études et des exécutions déjà pratiquées, les contrats fermes, signés ou offerts, les petites tâches de terrassements déjà données à forfait aux travailleurs du pays, entreprises partielles qui tendent à se développer, et que nous encouragerons autant que cela dépendra de nous, *nous permettent d'affirmer que nos prévisions de dépense totale ne seront pas dépassées* (1).

---

(1) M. de Lesseps a toujours annoncé que le Canal ne coûterait que 600 millions de francs, ainsi d'ailleurs qu'il le répète ci-après. Pourquoi alors conclure par de nouvelles demandes élevant déjà le total à 750 millions ?

L'exposé des travaux faits et prévus démontre que le creusement total du Canal maritime s'exécutera surtout au moyen de machines dirigées par un personnel d'ingénieurs et desservies par de bons manouvriers.

En Europe, aux États-Unis d'Amérique et en Colombie, nous avons pu recruter, jusqu'ici, des praticiens expérimentés, dont le zèle, l'intelligence et le dévouement sont au-dessus de tout éloge. Quant aux manouvriers, chauffeurs, bûcherons, terrassiers, etc., les États de l'Amérique-Centrale et les îles des Antilles nous assurent un recrutement facile et satisfaisant.

Nous agirons, aux assemblées des actionnaires du Canal de Panama, comme nous agissons depuis plus de vingt ans aux assemblées du Canal de Suez, c'est-à-dire sans rien dissimuler, en vous signalant, avec la même franchise, et nos succès et nos ennuis.

Deux fois par mois, dans notre *Bulletin*, nous résumons pour nos associés les nouvelles que nous recevons de l'Isthme et les mesures que nous avons prises à Paris pour la bonne marche des travaux.

Notre rapport annuel, par sa publicité plus étendue, plus générale, doit être et sera l'exposé complet et sincère de notre situation.

A l'origine, deux seules objections sérieuses nous ont été faites : l'une relative à ce que l'on appelait la « politique du Canal », l'autre relative au « climat de l'Itshme ».

Depuis notre constitution, les faits ont démontré qu'il n'y a pas pour nous de « politique du Canal ». Il n'y a à Panama, comme à Suez, qu'une Société purement industrielle, internationale, *universelle*. Notre concession, par son titre et par ses actes, ne se préoccupe que de creuser un Canal maritime direct, sans écluses, entre les deux mers, au double profit des marins et des commerçants du monde entier, et des actionnaires qui se sont réunis pour assurer l'exécution de l'œuvre.

L'ancien ministre de la marine des États-Unis, M. Thompson, qui a bien voulu accepter la présidence de notre comité de New-York, et qui jouit dans sa patrie d'une estime et d'une considé-

ration méritées, a donné de la situation du Canal maritime de
Panama une définition qui s'est imposée, parce qu'elle est exacte :
« *La Compagnie du Canal de Panama, disait-il, est à tous égards*
» *une Compagnie colombienne, organisée à raison et sous l'em-*
» *pire de la loi colombienne, responsable seulement envers l'au-*
» *torité colombienne, et aucune puissance au monde ne saurait*
» *légitimement empêcher la Colombie de faire maintenant ce*
» *qu'elle a entrepris. Dans l'exercice de ses droits de gouverne-*
» *ment, elle désire la construction d'un Canal maritime... Tout*
» *acte la privant de ce droit serait un empiètement sur son auto-*
» *rité..., un acte d'oppression de la nature de ceux contre les-*
» *quels proteste la doctrine Monroë* ».

M. Thompson rappelait, avec raison, que l'article 21 de la
concession du Canal maritime de Panama enlevait « *toute pos-*
» *sibilité à un gouvernement quelconque de s'ingérer dans l'exécu-*
» *tion et le fonctionnement du Canal* », et il ajoutait :

» *Il n'y a dans les opérations de la Compagnie universelle du*
» *Canal interocéanique aucune question publique ou politique.*
» *Cette Compagnie a seulement pour but de construire un Canal*
» *à Panama et d'exécuter un contrat que la Colombie avait le*
» *droit souverain de faire avec elle. C'est tout simplement une*
» *entreprise privée et commerciale, qui doit être réglée et gou-*
« *vernée par les seules lois de concession de Colombie,* »

Cette théorie s'est imposée. En nous voyant à l'œuvre, la con-
viction s'est faite dans les esprits qu'à Panama, comme à Suez,
nous ne serions que des industriels, exploitant, dans l'intérêt
général, une entreprise exécutée au moyen de capitaux univer-
sels librement réunis.

Qu'il nous soit permis d'ajouter que les sympathies les plus
vives pour le bon achèvement de votre œuvre nous arrivent cons-
tamment des lieux mêmes où des inquiétudes inexplicables
s'étaient manifestées.

Nous ne citerons que pour mémoire et en passant les projets
d'entreprises soi-disant rivales dont il est question de temps en
temps (I). *Comparés aux avantages réels qu'offre le Canal direct*

---

(1) Allusion à ma concession. — Ainsi, en faisant notre Canal de
Tipitapa, pour la jonction des lacs de Nicaragua et le transit inter-

de Panama, les canaux indirects et à écluses se servant des eaux des fleuves descendant de chaque côté des Cordillières, sur les deux Océans ne nous causent aucun ombrage. — Si elles trouvent les capitaux nécessaires pour les exécuter, elles aménageront utilement, pour les territoires traversés, des eaux bienfaisantes, lesquelles se perdent aujourd'hui, — qui par conséquent produiront de riches cultures et des récoltes abondantes, qui pourront être répandues dans le monde entier, en passant par notre Canal maritime situé dans le centre du plus grand continent entre le pôle Nord et le pôle Sud du monde.

La seconde objection qui a troublé nos débuts, et que nous tenons à aborder avec franchise, est celle du climat de l'Isthme, de la santé des travailleurs. Il y avait, dans le passé, une légende née à la suite de l'exécution du chemin de fer américain de Colon à Panama. Des documents officiels, authentiques, indéniables, avaient prouvé que la totalité des Chinois employés aux travaux du chemin de fer n'avait pas dépassé le chiffre de 3 à 4,000 hommes ; la légende persistait, et l'on continuait à dire, à imprimer que 80,000 Chinois avaient succombé. Cette légende a été reproduite quand nous nous sommes associés pour creuser le Canal ; elle nous a fait du tort ; elle nous a privés peut-être, pendant une année, du concours de quelques praticiens, de quelques ingénieurs expérimentés et que l'hésitation retenait en Europe.

Mais l'histoire a déjà remplacé la légende ; l'expérience que

---

océanique, nous donnerons de riches produits pour alimenter le Canal de Panama. N'est-ce pas le comble de la présomption ! Quel autre que M. de Lesseps aurait trouvé cela ? On voit, toutefois, qu'il n'ose pas nier notre Canal — et il atteste la fertilité exceptionnelle du Nicaragua. Mais il se trompe grandement, quand il croit qu'il est sec comme les sables du désert de Suez qui, dans son rapport de 1869 aux actionnaires de Suez, devaient, selon lui, leur rembourser le Canal, à eux et au vice-roi. Cette allégation en faisant croire aux vice-rois que leurs richesses étaient inépuisables et que, par suite, ils pouvaient se livrer aux dépenses les plus exagérées, a été la cause de la ruine de l'Egypte et l'a mise dans l'état où elle est aujourd'hui. Le sol du Nicaragua, en grande partie composé d'humus, est presque toujours dans un excellent état de moiteur, demandant peu d'irrigations. C'est pourquoi, la végétation y est si riche et si exubérante.

nous venons de faire a démontré les exagérations, pour ne pas
dire les absurdités répandues, répétées à propos du climat de
l'Isthme et de la santé des travailleurs.

Ce n'est pas en dissimulant la vérité que de telles questions
doivent être abordées, mais au contraire on doit les éclairer publiquement, puisqu'elles sont, au premier chef, une question
publique ».

Il importe de faire remarquer, d'abord, que les ports colombiens de Colon et de Panama sont des « ports francs » où la
liberté la plus complète existe pour toute espèce d'introduction
d'hommes et de marchandises, sans passeport, sans visite, etc.,
les passagers de toutes provenances y sont admis dès leur arrivée,
en libre pratique, et il ne leur est jamais imposé de quaran-
taines.

*En 1881, la fièvre jaune s'est manifestée tout d'un coup
sur plusieurs points du globe, notamment en Afrique et en Amérique. Le golfe du Mexique, sur tout son littoral, les Antilles,
la Martinique surtout, ont été cruellement éprouvés ; sur le Pacifique Guayaquil a été atteint. Placé au centre de ces contrées où
le fléau sévissait, l'Isthme de Panama est resté indemne ; le mal,
importé par accident, n'y a jamais eu le caractère épidémique.*

« Contre toutes prévisions », dit une note du service médical
sur la santé publique dans l'Isthme, « et malgré la crainte qu'elle
» inspire, cette affection ne s'est pas étendue comme on devait
» le redouter, *ce qui constitue pour Panama une exception heu-*
» *reuse, une immunité qui plaide en faveur de la salubrité du*
» *climat* (1).

---

(1) Ainsi l'isthme de Panama est le pays le plus sain de la terre,
et c'est là qu'il faut se réfugier pour fuir et éviter les maladies qui
ravagent le reste du globe. M. de Beauvoir ment donc lorsque, longtemps avant qu'il fût question de faire un Canal à Panama, il écrit
de Colon (Aspinwall), le 25 juillet 1867 (3ᵉ volume de son *Voyage
autour du Monde*, 9ᵉ édition de 1874, librairie Plon) :

D'abord relativement à Panama :

« Une fois débarqués, nous fîmes une promenade dans les rues
» fétides de l'épouvantable trou que l'on appelle Panama. A côté de
» cabarets horribles où une population de matelots et d'aventuriers
» se complait dans l'ivresse, les naturels sont entassés dans des huttes

» Les scarlatines, rougeoles, fièvres éruptives de toute espèce,
» angines couenneuses, diphtéries, n'y sont observées qu'à l'état
» sporadique, par cas rares et isolés. »

Les états mensuels de la santé du personnel de l'Isthme con-
firment ces données.

Voici la proportion, en 1881, et dans les premiers mois de
1882, mois par mois, des personnes employées et des décès :

1881.

Février......	425	Pas de décès (1)
Mars........	450	— 1 —
Avril........	485	— 2 —
Mai........	544	— 1 —
Juin........	588	— 7 —
Juillet......	1.118	— 12 —

» éclairées faiblement par des mèches trempées dans l'huile de coco,
» et où un même hamac berce une famille d'êtres sales, en guenilles,
» de couleur chocolat, tout couverts de vermine. Je ne crois pas avoir
» vu dans mon voyage une ville d'un aspect aussi repoussant.... »

Relativement à la traversée de l'Isthme en chemin de fer :

« C'est un vrai titre de gloire pour les Américains d'avoir triom-
» phé des difficultés horribles qu'offrait la construction du chemin
» de fer sur les terrains marécageux, où des escouades de travail-
» leurs succombaient les unes après les autres à une fièvre fou-
» droyante....

» Quand le soleil s'est couché, nous étions depuis deux heures
» arrêtés par le déraillement d'un train précédent. Nous dûmes res-
» ter ainsi cinq heures en panne ! Peu à peu une buée opaque s'éleva
» au-dessus des flaques d'eau croupissante. Une humidité chaude et
» malsaine nous pénétra de toutes parts et les exhalaisons nocturnes
» d'une végétation pharmaceutique nous serrèrent les tempes. »

Et enfin pour Colon et Aspinwall :

« Vers une heure du matin, nous arrivions à Colon, le comptoir le
» plus fiévreux et le plus redoutable de ces parages.... »

Voilà le charmant pays de Panama que, dans une conférence publique, M. de Lesseps représentait à ses adeptes comme un véritable
Paradis, avec des lieux de recreo aux frais ombrages, où, avec de très-
charmantes femmes, de véritables houris, on se promène au milieu
des bosquets toujours fleuris, etc., etc.

(1) J'ai trouvé au seul cimetière de Monkey-Hill plus de 40 tombes

Août........	1.124 personnes,	4	décès.
Septembre ..	1.310	—	7 —
Octobre.....	1.550	—	8 —
Novembre...	1.630	—	8 —
Décembre...	1.927	—	12 —
1882.			
Janvier......	1.185	—	4 —
Février	1.893	—	6 —
Mars........	2.500	—	9 —
Avril........	2.632	—	5 — (1)

fraîches. Il y a eu dans l'Isthme plus de 200 morts pour un personnel qui, en moyenne, n'a jamais été plus de 300 à 400.

En outre, beaucoup se sont sauvés qui sont morts en route quelques jours après, ainsi qu'il est arrivé au secrétaire général Bionne.

Blanchet, mon homonyme, directeur des travaux, n'a-t-il pas dit que, *pour perdre moins de temps, on enterrait les morts avec leurs bottes.* Il est mort, on a pu le faire aussi pour lui.

J'ai vu l'année dernière, au Nicaragua, trois Italiens qui, fuyant la maladie, s'étaient sauvés de Panama. Ils eurent beau faire : ils étaient partis empoisonnés par les miasmes. Deux sont morts en huit jours. Quant au troisième, le médecin m'a dit qu'il ne s'en remettrait jamais, qu'il n'en avait pas pour un an.

Revenant ce mois d'avril du Nicaragua sur le *Para* du Royal-Mail, nous prîmes à bord, à Colon, un seul passager de la compagnie de Panama, Barbier, de Paris, rue des Pyramides, 4. En partant il ne paraissait pas malade, n'étant d'ailleurs arrivé que depuis un mois dans l'Isthme. La mer a été son tombeau trois jours avant d'aborder à Cherbourg. C'était un ancien chasseur d'Afrique.

(1) Tous ces nombres sont faux. Il n'y a jamais eu en moyenne plus de 300 à 400 travailleurs à la fois.

A quoi d'ailleurs les aurait-on employés, puisqu'il n'y a encore rien de fait, pas même le débroussaillement de la ligne ?

On a monté des baraques en bois venues toutes faites, voilà tout.

Pour trouver ces nombres de travailleurs, M. de Lesseps additionne sans doute tous les noms qui figurent sur les listes. Mais il n'y a pas un travailleur qui, en moyenne, reste seulement quatre jours. Ils désertent tous. Le chef du chantier des terres d'emprunt de Monkey-Hill me disait le 19 mars dernier : « On m'a envoyé, il y a trois jours, 300 Jamaïcains. Il ne m'en reste pas 50. Ils s'engagent pour toucher

La mortalité proportionnelle qui ressort de ces chiffres officiels, et qui comprend les décès résultant de l'âge et des accidents, ne dépasse pas la proportion normale des chantiers d'Europe. Nous tiendrons à honneur d'arriver à ce résultat, qu'à Panama, comme à Suez jadis, la mortalité devienne inférieure à la mortalité proportionnelle des villes d'Europe. Par l'organisation de nos hôpitaux et de nos ambulances, que desservent avec dévouement nos médecins et nos admirables sœurs de charité françaises, par des prescriptions hygiéniques réitérées, par des mesures de prévoyance continuelles, nous arriverons à ce résultat.

Déjà la santé publique s'est considérablement améliorée. Les fièvres du pays, affaiblissantes, mais très rarement mortelles, sont l'unique adversaire que nous avons entrepris de vaincre par une série de mesures préventives dont les bons effets commencent à se manifester. Le dernier rapport de notre médecin en chef, daté de mai, se termine ainsi :

« Malgré les appréhensions que pouvait inspirer le mois » d'avril, au point de vue sanitaire, l'état de notre personnel est » satisfaisant sur toute la ligne. Non-seulement nous avons fort » peu de malades, mais les maladies présentent un caractère de » bénignité marquée. Nos hôpitaux se vident, et malgré une » épidémie de variole qui sévit depuis deux mois dans la population » de Panama, comme dans quelques centres de population » indigène dans l'Isthme, nous n'avons pas eu à constater un » seul cas chez nos travailleurs et chez nos employés. Ce résultat » heureux doit être attribué aux mesures préventives prises et » aux soins apportés à la conservation et au renouvellement du » virus vaccin, ce qui permet de propager la vaccine parmi les » populations qui entourent nos campements. »

Deux grands hôpitaux ont été construits à Colon et à Panama ; des postes médicaux, avec ambulances, sont installés à chaque chantier.

Des services religieux ont été également organisés pour la pratique libre des divers cultes.

---

la prime et être transportés ici, puis se sauvent une fois arrivés. » Il est vraiment étonnant que, par sa méthode, M. de Lesseps n'ait pas trouvé 10,000 travailleurs chaque mois.

Vous avez pu apprécier notre situation financière, à la lecture du Rapport de vos commissaires, que nous vous avons fait distribuer, et auquel est annexé notre inventaire général au 30 juin 1881.

Le premier versement de 125 fr. par action, effectué en décembre 1880, a procuré une somme de........ 73.750.000 fr. »

Somme à laquelle est venu s'ajouter le produit net des placements de fonds disponibles pendant l'exercice, soit............ 1.080.293 35

Les recettes totales de l'exercice 1881 se sont donc élevées à..................... 74.830.293 fr. 35

Les dépenses portées à l'inventaire général comme faites pour la construction du Canal maritime s'élèvent à.............. 40.444.173 fr. 78

Mais dans cette somme se trouve comprise la valeur des 10,000 actions libérées attribuée à la Société civile concessionnaire pour l'achat de la concession, soit........ 5.000.000 »

Ce qui fait ressortir les sommes dépensées pendant l'exercice à..................... 35.444.173 fr. 78

La différence entre les recettes et les dépenses de l'exercice 1881, soit 39.386.119 fr. 17 c., représente l'actif de la Compagnie au 30 juin 1881.

Cet actif se décompose comme suit :

1° *Immeuble et terrain de la rue Caumartin, n° 46*...................... 1.156.250 fr. »
2° *Matériel et approvisionnement* (1).... 1.191.939 88
3° *Capitaux disponibles*............... 45.210.448 40

Total...................... 47.558.638 fr. 28
A déduire :

Divers comptes créanciers............. 8.172.518 71

Solde définitif égal (2)............... 39.386.119 fr. 57

____

(1) C'est bien peu de matériel pour tant de dépenses.

(2) Où sont passés les 150 millions des deux premiers versements faits sur les 600,000 actions ? Je vois comme ayant été dépensés :

Nous citerons, pour mémoire, l'exactitude avec laquelle *s'est effectué le deuxième versement de 125 fr. appelé sur les actions. Sur les 590,000 actions* émises, 1,366 seulement ont dû être vendues à la Bourse, pour que nous puissions, légalement, vous demander la mise au porteur de vos titres libérés de moitié.

Cette vente a laissé un bénéfice au moyen duquel vos très rares associés dépossédés pourront reprendre leurs titres, ainsi que plusieurs d'entre eux nous en ont exprimé le désir.

Il est un élément de notre situation financière qui nécessite une explication détaillée, d'abord parce qu'il représente une opération heureuse, très importante, pour l'exécution de nos travaux, et ensuite parce qu'elle nous a conduits à vous demander l'autorisation d'émettre 250,000 obligations.

Une Compagnie américaine, constituée à New-York en avril 1849, obtenait du gouvernement des Etats-Unis de Colombie, le 15 avril 1850, la concession d'un chemin de fer entre Colon et Panama. Un décret du Congrès colombien, du 5 juin 1867, garantissait à la même Société, sous certaines réserves, le monopole exclusif de toute voie quelconque, — canaux, routes, etc., traversant l'Isthme de Panama d'un océan à l'autre, jusqu'aux limites d'une certaine zone déterminée.

Le Canal maritime qui doit réunir les deux océans passe dans la zone réservée à la Compagnie du chemin de fer ; mais parmi

---

1° Deux annuités payées à la Compagnie du chemin de fer	35.974.687 50
2° Fonds d'amortissement remboursé à la même	5.785.500 »
Ensemble	41.760.187 50
Dépenses de l'exercice au 30 juin 1881, pour travaux, bien que cependant il n'y ait rien de fait	35.444.173 »
Total apparent	77.204.360 50

Restait valeur au 31 juin 1881, plus de 72 millions 1/2 aujourd'hui complétement dépensés, tant avant la constitution de la Compagnie. que depuis — ce dont on ne parle pas.

les réserves faites par le gouvernement des Etats-Unis de Colombie se trouvait précisément le droit d'octroyer la concession du percement d'un canal maritime, étant spécifiées les conditions auxquelles ce droit s'exercerait.

Les travaux du chemin, commencés en 1851, et dirigés par M. le colonel G. M. Totten, aujourd'hui attaché à notre Comité de New-York, furent terminés le 29 janvier 1855, et la ligne mise en exploitation n'a cessé, depuis lors, de donner à ses actionnaires des revenus qui ont atteint 16 0/0 du capital appelé.

L'acte de concession du Canal maritime a prévu, dans son article 3, l'arrangement amiable par lequel les droits résultant du monopole du chemin de fer pourraient se concilier avec les exigences de notre propre entreprise. Il était indispensable qu'un arrangement intervînt, car, non-seulement l'usage du chemin de fer qui suit presque exactement la ligne du canal, nous était nécessaire, mais encore les terrains, les wharfs, les quais et les bâtiments appartenant au chemin de fer devaient nous servir (1).

---

(1) On avait cru tout d'abord pouvoir concilier avec les exigences de l'entreprise et de l'exécution du Canal de Panama, l'exploitation du monopole du chemin de fer, et par suite on avait pensé continuer à le faire servir au transit de mer à mer pour le passage ordinaire des marchandises et des voyageurs.

Mais, de l'aveu même de M. de Lesseps, on voit qu'on a été obligé de reconnaître que le chemin de fer est en entier absolument indispensable à la Compagnie du Canal, obligée de l'employer à son usage exclusif, sans qu'il puisse alors servir au transit.

Avec 10 chemins de fer, 75 ans pour le transport des déblais.

Il ne fallait pas être bien clairvoyant pour s'apercevoir que ce n'est pas *un* mais *dix* chemins de fer qui seraient nécessaires pour le transport de l'énorme quantité de déblais que nous avons constatée, devrait-on même y employer 75 ans, c'est-à-dire trois générations d'hommes.

Dans la crainte qu'on puisse penser que j'exagère, je vais l'établir par des chiffres.

Dans l'isthme de Panama, on peut tout au plus travailler dans l'année pendant six mois effectifs, temps durant lequel les pluies ne mettent pas complètement obstacle à tout travail extérieur. C'est donc 180 jours, qui, à raison de 10 heures par jour, donnent 1,800 heures de travail annuel.

On ne peut guère, sur une voie ferrée, faire passer à l'heure plus

La procédure prévue dans les actes de concession des deux Compagnies pour arriver à l'arrangement inévitable nous eût fait perdre beaucoup de temps ; nous préférâmes négocier l'achat pur et simple de la majorité des actions de la Compagnie, la loi américaine donnant au propriétaire de la majorité des actions d'une Société les pouvoirs les plus étendus.

Cette combinaison avait, en outre, à nos yeux, deux avantages appréciables : Elle ne modifiait en rien la constitution américaine de la Société du Panama-Rail-Road et elle nous assurait, par le mode le plus simple, le plus rapide, le plus incontestable, l'autorité essentielle que nous devions avoir.

Le capital de la Société du chemin de fer est de 7 millions de dollars représentés par *70,000 actions de 100 dollars* chacune.

Les revenus toujours croissants de l'exploitation avaient donné aux titres de la Société une plus-value importante. Nous avons traité de l'achat des actions sur le *pied d'un revenu de 6 o/o ; la capitalisation de ce taux a fait ressortir le prix de 250 dollars (fr. 1,312 50) par action, et c'est à ce prix que nous nous sommes constitués acquéreurs,* au nom de la Compagnie du Canal maritime, des actions de la Compagnie du chemin de fer qui nous seraient offertes.

Sur les 70,000 actions constituant le capital, 68,475 ont été achetées et déposées entre les mains d'un fidéi-commissaire, qui nous les livrera contre le payement intégral de leur valeur, soit 17,118,750 dollars.

La Compagnie du chemin de fer possédait un fonds spécial destiné à l'amortissement de sa dette-obligations, qui est de 6,944,000 dollars.

Ce fonds ne pouvant être détourné de son affectation spéciale,

---

de six convois chargés, ce qui, en réalité, fait douze passages pour l'aller et le retour, c'est-à-dire un train par cinq minutes.

Pratiquement, le maximum de charge pour un convoi de terrassements ne peut guère dépasser 50 mètres cubes ; d'où il résulte que chaque voie ferrée permettrait ainsi le transport annuel de 540,000 mètres cubes, et dix chemins de fer 5,400,000 seulement, ce qui, pour le total de 100 millions de mètres cubes de déblais à transporter, nécessiterait plus de 74 ans.

nous avons dû en rembourser la valeur aux anciens actionnaires, soit, de ce chef, 1,102,000 dollars (1).

En résumé, par notre contrat du 10 juin 1881, nous nous étions assuré la possibilité d'acquérir la totalité des actions du chemin de fer pour un prix ne devant pas dépasser 17,500,000 dollars, somme à laquelle devait s'ajouter la somme de 1,102,000 dollars, représentant l'acquisition obligatoire du fonds d'amortissement.

Aux termes de notre traité d'achat, le sixième du total de la valeur achetée était payable le 1er juillet 1881 et les cinq autres sixièmes, divisés en cinq annuités, allaient de 1882 à 1885 (2).

Notre traité nous oblige à payer aux actionnaires auxquels nous avons acheté leurs actions un intérêt de 6 0/0 l'an sur le montant des annuités restant à solder ; mais nous nous sommes

---

(1) Véritable prix d'achat du chemin de fer, 134,116,500 francs.

Les 7 millions de dollars formant le capital, représenté par 70,000 actions, de la Société du chemin de fer de Panama, équivalaient, dans le principe, à raison de 5 fr. 25 c., valeur que M. de Lesseps donne au dollar, à 36,750,000 francs.

Le prix d'achat des actions sur le pied de 1,312 fr. 50 c. par la Compagnie du Canal porte ce capital à............ 91.875.000 fr. qui, en réalité, ne sont qu'une partie du prix.

En effet, ainsi que l'énonce incidemment le rapport, la Compagnie du chemin de fer a en outre la dette-obligations de 6,944,000 dollars qui, à 5 fr. 25 c., font un passif de............................. 36.456.000 somme qui, par la raison qu'elle doit être payée par la Compagnie du Canal, augmente d'autant son prix d'achat.

A quoi il faut encore ajouter le fonds d'amortissement de cette dette-obligations de 1,102,000 dollars, revenant aux anciens actionnaires, soit de ce chef.. 5.785.000

Ce qui élève bien le capital de rachat du chemin de fer à .... 134.116.500 fr.

Et non pas seulement à 18,602,000 dollars ou 97,660,500 francs, comme va le dire M. de Lesseps.

(2) On voit que l'émission de ces 250,000 obligations doit être faite promptement, et qu'on veut se hâter avant que le public ne soit trop édifié.

*réservé, dans le même traité, la faculté de nous libérer par antici-
pation, dans les dix-huit mois qui suivront la signature du contrat, sous la condition d'un avis préalable donné trois mois à
l'avance. Ce délai expire le 10 décembre prochain.*

*Nous sommes d'avis de dénoncer cette option le plus prompte-
ment possible, afin de nous assurer la pleine propriété et la possession des actions achetées, et cela sans imposer une charge à notre
Société.*

*Les produits nets du chemin de fer se sont élevés, l'année der-
nière, à 1,306,406 dollars (1), soit 6,858,631 fr. 50 cent., à raison*

---

(1) Revenu forcé avec les produits donnés par la Compagnie du
Canal pour transport de son matériel et le va-et-vient continuel de
son personnel.

Il y a donc là, pour la Compagnie du Canal de Panama, plutôt
un passif qu'un actif, puisque c'est elle qui, en payant, forme cet
actif.

Ainsi que nous venons de le voir, la Compagnie du Canal, en ache-
tant le chemin de fer, a à payer :

1° Capital-actions...............................	91.875.000 fr.
2° Remboursement des obligations..............	36.450.000
3° Remboursement du fond d'amortissement.....	5.785.500
Au total......	134.116.500 fr.

et non 125 millions, capital-obligations seulement demandé.

Et M. de Lesseps espère amortir cette somme, capital et intérêts à
6 0/0, avec les 6,858,631 fr. 50 du revenu forcé du chemin de fer,
revenu dont il n'existera rien, d'abord parce que son usage étant
indispensable à la compagnie du Canal, il sera absorbé par elle,
ainsi que je l'ai démontré et que le constate M. de Lesseps lui-même,
et ensuite parce qu'une grande partie du transit sera détournée par
Nicaragua.

L'intérêt de 125 millions de francs, chiffre insuffisant pour le remboursement est :

A 6 0/0, de 7,500,000 francs,

Et même à 5 0/0, seulement, de 6,250,000 francs.

Où trouver dans 6 à 7 millions de produits éventuels, plus
qu'éventuels puisqu'il n'en existera rien, mais que j'admets un
moment pour suivre le raisonnement de M. de Lesseps, de quoi payer
6 à 7 millions 1/2 d'intérêts et, en outre, amortir les 125 millions
dont il nous parie, mais qu'en réalité il nous démontre s'élever à
134,116,500 francs ?

Ce travail était à l'impression lorsqu'ont paru les affiches et an-

de 5 fr. 25 le dollar. Ce revenu minimum assure et au-delà le service de l'intérêt et de l'amortissement d'un emprunt que nous vous demandons d'autoriser par voie d'émission d'obligations.

La somme ainsi empruntée serait consacrée, jusqu'à concurrence de 6o millions de francs, au payement immédiat des quatre dernières annuités, à solder, sur le prix d'achat des actions du chemin de fer, et le restant ferait retour dans nos caisses, d'où nous avons dû prélever les sommes nécessaires au payement des deux premières annuités et du fonds d'amortissement (1).

Cette restitution viendrait grossir nos ressources, encore considérables, et nous permettrait de reculer à une époque éloignée l'appel du troisième quart sur nos actions aujourd'hui libérées de 25o francs (2).

Les actionnaires de la Compagnie de Panama auront un privilège de souscription, dans l'émission des 250,000 obligations dont il s'agit.

A notre réunion *du 21 janvier dernier*, je vous disais : « *Une* » *somme de 6oo millions de francs sera nécessaire pour atteindre, en 7 ou 8 années, au maximum, le jour de l'ouverture du* » *Canal de Panama. Il n'a été appelé qu'un capital de 3oo millions de francs, parce qu'en complétant les 6oo millions* » *de francs, au fur et à mesure des besoins, par des émissions*

---

nonces de l'émission pour le 7 septembre prochain, des 250,000 obligations. Cette émission est loin d'être faite au pair, de manière à produire 125 millions, comme le rapport le faisait supposer. — L'obligation ne produira réellement que 425 francs, ce qui, pour les 250,000, ne donnera qu'un capital de 106 millions 1/2, que probablement les frais de publicité et autres et les commissions de la Banque réduiront même à 100 millions, remboursables quand même à 125 millions, et n'en produisant pas moins 6,250,000 francs d'intérêts par an. — Comment avec 100 millions paiera-t-on les 134 millions d'achat du chemin de fer ?

(1) Et les obligations, quand les remboursera-t-on et avec quoi ?

(2) Ainsi, s'il n'y avait pas cette rentrée, il faudrait appeler le troisième quart.

» successives d'obligations, les bénéfices réservés aux actionnai-
» res se trouveront plus tard notablement accrus (1). »

Vous venez de voir par les faits énumérés dans ce rapport, que, d'une part, *la prudence (2) avec laquelle nous nous prépa-rons à la grande et définitive exécution du Canal maritime, d'autre part, l'importante rentrée de fonds qui résultera de l'émission des 250,000 obligations et enfin les économies que nous vaudra la libre disposition du chemin de fer (3) dont nous sommes devenus les actionnaires, permettent d'envisager, comme relativement reculée, l'époque où de nouveaux fonds nous seront nécessaires pour achever l'œuvre que nous avons entreprise.*

Cependant, il pourrait se produire tel incident heureux, — comme, par exemple, l'intervention d'un certain nombre de sous-entrepreneurs, ou telle organisation spéciale, — qui nous permît de parvenir plus rapidement au fonctionnement normal de nos chantiers.

Il importerait, en pareille circonstance, que votre Conseil fût en mesure d'imprimer aux travaux la grande et décisive impulsion qu'il est sage de prévoir. *Nous vous demandons en conséquence de nous autoriser, dès maintenant, mais pour n'user de votre autorisation qu'au fur et à mesure des besoins, à émettre sous forme d'obligations, tout ou partie du capital complémen-taire dont nous vous parlions à notre assemblée constitutive (4).* Cette autorisation aurait l'avantage de mettre votre Conseil en

---

(1) Aujourd'hui, c'est :

1° Actions.	300 millions.
2° Obligations	125 millions.
3° Autres obligations	300 millions.
Au total.	725 millions.

qui seront forcément insuffisants, plus les intérêts, et plus tard on verra.

(2) Quelle prudence ! et quelle rentrée de fonds !

(3) Si la Compagnie du Canal emploie le chemin de fer pour son usage personnel, comme le répète M. de Lesseps, elle n'en tirera pas de produits par le transit des marchandises.

Tant mieux pour le Nicaragua !

(4) Voilà les autres 300 millions.

situation d'agir librement, suivant les circonstances, pour le mieux de vos intérêts, avec la promptitude qu'exige l'exécution d'une œuvre telle que le percement de l'Isthme américain.

Nous ne terminerons pas ce rapport, sans reconnaître publiquement et sans signaler à votre gratitude le personnel dévoué qui, dans l'Isthme, *a brillamment inauguré* les travaux du Canal maritime.

La certitude de l'achèvement du Canal est démontrée, et les préparatifs qui se font de toutes parts, surtout en Amérique, pour utiliser la voie nouvelle dès qu'elle sera achevée, nous font prévoir déjà des bénéfices supérieurs à ceux que nous avions évalués.

—————

L'Assemblée vote sur les questions suivantes portées à l'ordre du jour :

Assistent à la séance 608 actionnaires, représentant 259,642 actions.

A

Vote sur les conclusions du rapport du Président.

L'Assemblée,

Après avoir entendu la lecture du Rapport faite par M. Ferdinand de Lesseps, Président-Directeur de la Compagnie, au nom du Conseil d'Administration,

Approuve ce rapport.

B

Vote sur les conclusions du rapport des Commissaires.

L'Assemblée,

Conformément aux propositions du Conseil d'administration et aux conclusions du Rapport des Commissaires,

Approuve les comptes tels qu'ils sont présentés par l'Administration de la Compagnie pour l'exercice 1881.

E

Vote sur une autorisation d'emprunter par voie d'émission d'obligations.

L'Assemblée,

Donne tout pouvoir au Conseil d'administration :

1° *D'émettre par voie de souscription publique 250,000 obligations 5 0/0 remboursables à 500 francs, pour régler le paiement des actions de la Compagnie du chemin de fer de Panama achetées par la Compagnie du Canal Interocéanique* (1) ;

2° *De se procurer dans l'avenir, au fur et à mesure des besoins de la Compagnie, les sommes nécessaires au prompt achèvement du Canal maritime dans les conditions énoncées aux rapports des Assemblées constitutives des 31 janvier et 3 mars 1881, jusqu'à la limite des 300 millions de francs prévus* (2).

---

(1) Il est difficile de faire produire à un emprunt par souscription publique 125 millions, remboursables avec 125 millions seulement.

C'est tellement vrai, qu'on vient de voir que les annonces de la souscription ne laissent guère entrevoir qu'une rentrée de cent millions.

Toutefois, espérons que M. de Lesseps réussira au moins à faire cette somme, parce que nous avons intérêt et que c'est un mal nécessaire qu'on poursuive l'œuvre de Panama.

Le chemin de fer ne devant rien donner, il faudra prendre sur le capital pour payer ces intérêts (de même que pour les autres 300 millions-obligations).

D'un autre côté, 100 millions n'auront pas été suffisants pour payer 134,116,500 francs de capital, du chemin de fer ; car, enfin, il y a sa dette-obligations, dont M. de Lesseps oublie toujours de mentionner le remboursement. Et le vote de l'Assemblée applique bien les 250,000 obligations au paiement des *actions* de la Compagnie du Chemin de fer.

Comment fera-t-on ?

Escompte-t-on les futurs produits du canal pour résoudre toutes ces questions ?

(2) Jusqu'à la limite des 300 millions !

Ainsi, réserve *in petto* de revenir à la charge.

On veut entraîner les actionnaires et le public à souscrire ces nouveaux 425 millions avant le commencement des travaux, avant surtout que les immenses difficultés pratiques en aient démontré la

Le Conseil est en conséquence chargé de déterminer l'époque, les garanties et les conditions des emprunts ci-dessus visés.

folie, même aux plus aveugles, pour qu'une fois bien engagés ils soient ensuite obligés d'en donner *trois* fois autant.

Voici la vérité sur la situation financière actuelle : Des 150 millions, produits des deux premiers versements faits sur les 600,000 actions, il a été employé 41 millions 1/2 à payer moins du tiers du chemin de fer, dont l'acquisition revient à plus de 134 millions, et il ne reste plus rien des 108 millions 1/2 de surplus, lesquels n'ont servi presque uniquement qu'à lancer l'affaire PANAMA, qu'à acheter deux hôtels (Grand-Hôtel de Panama, payé plus de deux fois sa valeur, et celui de la rue Caumartin, 46, à Paris), et qu'à élever des baraques en bois dans l'Isthme.

Quant au travail du Canal, pas l'ombre, car il n'y a même pas un débroussaillement complet de la ligne pour l'indiquer.

Le rapport prend, d'ailleurs, bien soin de l'expliquer en se félicitant de la *prudence* apportée à ne pas avoir encore commencé les travaux ni fait les commandes, pour ne pas faire de coûteuses expériences.

Ce serait bien, si tout l'argent n'était pas dépensé quand même.

CANAUX & BOSPHORES

A ÉCLUSES

SEULS POSSIBLES DANS L'ISTHME AMÉRICAIN

Irrésolutions des partisans de Panama.

Ces critiques, provoquées et mises en lumière par ce rapport de M. de Lesseps, sont tellement irréfutables que les amis et les intéressés déplorent une telle imprudence de langage, et commencent à douter du système adopté pour l'exécution du Canal.

Ils entrevoient pour l'entreprise les conséquences que je viens d'indiquer si on persévère dans ce projet de Canal à niveau de MM. Reclus et Wyse, patronné, acheté et si bien revendiqué par M. de Lesseps qu'on lui en attribue tout l'honneur de la paternité.

On redoute que sa tentative d'exécution ne fasse d'innombrables victimes pour n'aboutir fatalement qu'à un désastre complet.

On cherche, on pense à l'autre solution avec écluses, et on attend, avec raison, dans l'espérance qu'il surgira quelques circonstances favorables pour transformer le projet actuel en un Canal à écluses.

Mes convictions en faveur du Nicaragua.

Elles sont, comme mes appréciations, le résultat de quinze années de persévérantes études, faites patiemment dans l'Isthme américain, sur place et dans le cabinet, et toujours poursuivies sans partialité en dehors de toute préoccupation d'intérêt et sans idées préconçues.

Si, devant les hésitations, les doutes, les refus, qui, dans le principe, par une exagération de déférence pour les Américains, ne m'ont pas été épargnés au Nicaragua, je n'avais dû consulter que mes intérêts, il y a longtemps que je me serais tourné du côté de Panama.

Je suis, aujourd'hui plus que jamais, convaincu que le projet, bien compris, du Canal intérocéanique par le Nicaragua doit être considéré comme le seul pratique, tellement il est préférable au point de vue des facilités et de l'économie de l'exécution et de l'entretien, comme aussi en raison de la salubrité du climat et des avantages qu'il offrira à la navigation.

Dans les circonstances actuelles, différents motifs très-puissants exigent que M. de Lesseps fasse son emprunt, paie son chemin de fer et travaille à son Canal.

S'il le commence, de plus intelligents et de plus pratiques, rejetant l'absurde projet actuel d'un Canal à niveau, l'achèveront probablement avec des écluses.

Toutefois son exécution n'empêchera nullement de faire celui du Nicaragua, auquel tous ses avantages et surtout un tarif du tiers ou du quart seulement, bien que des plus rémunérateurs, assureront toujours la supériorité.

Deux canaux. — Conséquences commerciales et politiques.

D'ailleurs, je ne crois pas qu'il y ait inconvénient pour le Nicaragua à ce que deux Canaux existent dans l'Isthme américaine.

Le transit qui adviendra à celui par le Nicaragua produira largement de quoi rembourser les dépenses faites, et assurer la réalisation de grands bénéfices.

Par conséquent, l'existence de celui par Panama m'importe peu.

Deux Canaux peuvent même offrir nombre d'avantages indiscutables au point de vue commercial et surtout au point de vue politique.

Avec deux Canaux, pas de tarifs abusifs, ce qui est un avantage indéniable et une garantie absolue pour le commerce universel.

Politiquement, j'y vois double avantage.

Le Canal par le Nicaragua, au milieu de l'Amérique centrale, assure, à bref délai, l'unité des cinq Etats qui la composent, et en fait un grand Etat latin, promptement assez puissant pour, avec l'aide des autres Etats de même race, assurer son indépendance et faire équilibre entre les deux grands continents américains.

Quant à celui par Panama, il peut donner satisfaction aux intérêts rivaux croyant avoir avantage de ce côté, ou jalousant celui de Nicaragua.

Au point, de vue de l'intérêt général, de celui du monde entier, avec deux Canaux point de ces compétitions d'intérêts déjà prêtes à faire explosion pour la prédominance sur le futur passage.

Aucun des Etats ne peut plus, par méfiance et sans respect pour le droit des autres, au nom de je ne sais quelle doctrine léonine faite à sa convenance, prétendre à une domination exclusive sur les deux, sous le faux prétexte de sauvegarder ses intérêts et d'assurer leur légitime extension.

Avec deux Canaux, nul ne peut donc être seul maitre du passage. Par suite plus de compétitions, plus de luttes, et sécurité absolue pour tout le monde.

On peut d'autant moins suspecter ma bonne foi, qu'adversaire de Panama, et champion convaincu et dévoué du Nicaragua, je viens reconnaitre la possibilité du Canal par Panama, et, bien plus, la démontrer : ce que je vais faire.

N'est-ce pas ce que les membres du Congrès auraient dû faire pour le projet du Nicaragua, au lieu de s'en ériger les adversaires, avec ces jalousies, cette partialité intéressée à faire valoir quand même au Darien, à San Blas, à Panama ou ailleurs, une concession quelconque, obtenue de la Colombie, sans savoir où, ni comment, on pourrait l'appliquer à l'exécution d'un Canal encore inconnu, et surtout, au lieu de ces absurdes idées sur les écluses, à l'encontre de l'opinion des marins eux-mêmes, les meilleurs juges il me semble en cette matière.

Les a-t-on assez condamnées et vilipendées ces malheureuses écluses! les uns par intérêt, la plupart par déférence pour l'amour-propre et les visées d'absorption de M. de Lesseps, s'entêtant pour l'exécution d'un Canal à niveau, semblable à celui de Suez, que, bien qu'impossible cependant, il voulait autrefois faire avec des écluses pour y emmagasiner les marées de la mer Rouge.

Pas de comparaison possible entre Panama et Suez.

Vraiment, comparer la plaine de Suez, toute entière de sable
sec, si saine, si unie et tellement basse que sur les deux tiers de
sa traversée elle est au-dessous du niveau des mers, au point
qu'on craignait ne pouvoir la remplir, et souvent plus profonde
que le Canal de manière que, pour le faire, il n'y avait qu'à creuser dans le sable sans consistance quelques tronçons d'un grand
fossé, comparer, dis-je, des conditions si favorables avec les hautes montagnes rocheuses, les insalubrités sans exemples et les
marais putrides et infects de fange liquide de l'Isthme de Panama pour y creuser un Canal similaire, n'est-ce pas aller contre
les lois de la nature et du bon sens, contre celles de l'ingénieur
dont la mission est de les faire coordonner ?

Que M. de Lesseps ne l'oublie pas : on a pu gaspiller à Suez
beaucoup d'argent, mais un canal y était si facile, et un autre y
serait maintenant rendu encore d'autant plus facile, que, pour
concilier de grands intérêts rivaux, prêts à mettre l'Europe en
feu, quelque puissance pourrait bien en faire un second pour son
usage personnel. Ce serait sagesse, car enfin le firman de concession n'a pas donné, paraît-il, un privilège exclusif à M. de
Lesseps.

Après avoir été cause de la ruine actuelle de l'Egypte en faisant
croire aux vice-rois à des richesses imaginaires et inépuisables
que devait leur procurer la vente des terrains de Suez, et en les
poussant, pour aider à l'exécution du Canal, à des dépenses hors
de proportion avec les ressources de l'Egypte, voilà ce que M. de
Lesseps, à émettre de telles idées et à susciter en Egypte des
insurrections militaires par rancune de s'être vu refuser l'année
dernière une nouvelle concession d'un canal d'eau douce, pourrait fort bien faire gagner à ses actionnaires de Suez.

Les écluses s'imposent.

En France, on ignore ou on oublie bien facilement que, sans
l'application des écluses, nous n'aurions sur l'Océan, non plus
que les Anglais, de ports abordables et pratiques pour les grands
navires.

Dans les mers à fortes marées et de peu de fond, comme sont la plupart des côtes européennes de l'Atlantique, il n'y a pas de ports possibles sans bassins à flots, et pas de bassins à flots sans écluses.

Pourquoi avoir tant dépensé et dépenser toujours tant de centaines de millions à Dunkerque, Calais, Boulogne, Dieppe, Le Havre, Saint-Nazaire, Bordeaux et sur beaucoup d'autres points, sinon pour y établir des ports à écluses? Ne serait-ce pas folie, vraiment, de jeter tant de millions à la mer si les navires les plus grands, pour lesquels sont faits ces ports, ne pouvaient passer dans ces écluses pour pénétrer dans les bassins à flots, dans lesquels au Havre, à la marée haute seulement, il entre annuellement 10,000 navires de toutes grandeurs, soit une moyenne de 27 par jour pendant seulement les quelques heures de marée ?

Dans le Canal interocéanique à écluses, on ne sera pas subordonné à la marée, on entrera librement à toute heure du jour.

En serait-il de même dans le Canal à niveau de Panama ? Évidemment non : L'entrée du Canal de ce côté serait dans les mêmes conditions que nos ports à marée de l'Atlantique. Il faudrait attendre la haute marée du Pacifique ou se soumettre à passer par une écluse! — Sans parler du Mascaret qui, continuellement, ferait invasion dans un canal à niveau, forcément composé d'une profonde tranchée des plus étroites, au fond de laquelle les navires se heurteraient continuellement entre eux ou contre les roches des parois, pour s'y briser sans pouvoir s'échouer impunément sur le sable, comme il arrive souvent dans le canal de Suez,

Avec des écluses au contraire, le Canal devient, sur une grande partie de son parcours, un large Bosphore, s'étalant au grand jour, dans lequel les navires marchent sans crainte, avec une liberté de vitesse rachetant bien les délais des écluses, et par suite avec une économie de temps de beaucoup supérieure au long et lent parcours dans l'étroit, profond et périlleux boyau d'un Canal à niveau.

Le Canal à écluses serait inattaquable et imprenable par une flotte.

Les évènements d'Égypte montrent avec quelle facilité un

Canal à niveau peut être promptement surpris et occupé par une puissante flotte de guerre.

Pourrait-il en être de même pour un Canal à écluses, surtout si la neutralité en était déclarée et garantie d'un commun accord par toutes les puissances ?

Évidemment non.

Sur le moindre avis de la possiblité d'une telle tentative, l'État souverain du Canal n'aurait, conformément aux conventions garantissant la neutralité, qu'à ouvrir les portes d'écluses pour vider les biefs supérieurs, et au besoin, pour plus de précautions, qu'à démonter ces portes et même endommager quelque peu l'écluse inférieure de chaque versant, de manière à rendre le Canal momentanément inservable. — Toute surprise serait ainsi empêchée de la part d'un des belligérants en attendant que les puissances garantes neutres mettent à exécution les mesures fixées par les traités pour sauvegarder et protéger, avec le libre usage du Canal, la liberté et l'indépendance du territoire traversé.

Aucun navire de guerre belligérant, aucune flotte n'oserait s'aventurer dans le chenal d'approche des écluses devenu une impasse trop étroite pour lui permettre de tourner et de revenir sur ses pas, et dans laquelle il pourrait être bloqué par le plus petit obstacle coulé derrière lui, et être détruit sans combat avec des torpilles ou autres procédés.

Difficultés insurmontables au Centre-Amérique pour une armée envahissante.

Une attaque et une guerre sur terre sont des plus faciles dans la Basse-Égypte du Canal maritime de Suez, dont les côtes offrent de nombreux points de débarquements.

C'est un pays plat, sablonneux et sec, dans lequel on peut, en toutes saisons et sans chemins, circuler et manœuvrer partout avec l'artillerie, les bêtes de sommes et les nombreux équipages de transport d'une grande armée, dont les soldats n'ont guère à porter que leurs armes.

Il n'en est pas de même dans les pays tropicaux du Centre-Amérique.

Les côtes presque partout inabordables n'offrent guère pour points de débarquement que les extrémités des canaux projetés. Mais alors il n'y a, surtout du côté de l'Atlantique, ni chemin ni sentiers.

On se trouve immédiatement dans un milieu inextricable et impénétrable de rivières et de lagunes sans nombre, qu'on ne parvient à passer que sur des fascines, des troncs d'arbres couchés en travers et flottants, ou à gué et à la nage, pour se heurter presque aussitôt à de hautes montagnes à pic, avec le sol riche et profond, mais toujours humide, glissant et sans résistance des hautes forêts sans fin qui couvrent tout le pays, et dont d'énormes troncs d'arbres renversés et souvent infranchissables vous barrent continuellement la vue et le passage.

Les soldats d'une armée Européenne ou du Nord-Amérique, engagés dans un tel milieu, et perdus dans la haute végétation des herbes et des plantes parasites, sans bêtes de somme, sans aucun moyen de transport possible, succomberaient dès le premier jour de marche, harassés sous le poids de leurs armes et de leurs vivres que déjà l'humidité aurait rendus inutiles, et accablés et épuisés par cette atmosphère chaude et humide de la forêt, et les tourments que surtout alors vous causent les nombreux moustiques.

Il n'y a pas là pour passer et il ne peut y avoir d'autres routes que le fleuve lui-même converti en Canal.

Il n'est même pas besoin de soldats de ce côté pour s'opposer au passage.

Ces mêmes obstacles existent généralement aussi du côté du Pacifique, mais dans une proportion moindre il est vrai.

Si le pays y est abordable par mer, ce n'est toujours que sur quelques points faciles à défendre.

Le sol y est bien moins humide avec beaucoup moins d'eau et de rivières, mais par contre avec un caractère montagneux et accidenté, encore plus accentué, et une forte végétation le couvrant tout entier. — La circulation des chemins, toujours en mauvais état, y est presque impossible pendant la saison des pluies.

Dans ces conditions, il serait facile à défendre par une force relativement minime de soldats formés avec des hommes du pays, mais à la condition d'être, ce qui leur manque, dressés, disciplinés et commandés par des chefs pour lesquels ils auraient le respect qu'exige la discipline militaire.

Sans cesse harcelée par ces troupes infatigables et sans besoins de ces hommes du pays, une armée envahissante d'hommes du Nord-Amérique ou d'Européens, non acclimatés et sans artillerie, serait promptement épuisée par les marches forcées. A supposer, au Nicaragua, par exemple, qu'elle parviendrait à y prendre pied, ce serait toujours pour forcément venir se heurter inutilement aux lacs et au Canal et s'y faire détruire par l'artillerie des quelques navires de guerre du pays les occupant librement.

Possibilité d'un Canal à écluses à Panama. — Supériorité de celui par Nicaragua.

J'ai toujours dit, et je tiens à répéter ici que le Canal par Panama est possible avec quelques écluses, mais complétement impossible sans elles, tel que M. de Lesseps entend le faire au niveau des mers, et l'a fait décider par son Congrès de 1879.

Je l'ai toujours reconnu.

Ce n'est que la comparaison entre eux des deux projets par Panama et par Nicaragua qui m'a fait choisir ce dernier, comme aussi facile d'exécution que pratique et économique pour la navigation.

C'est ce qui le rend tellement avantageux et rémunérateur qu'on est obligé de le considérer comme seul possible, surtout lorsqu'en regard on envisage les grandes dépenses et les difficultés pratiques d'exécution de son concurrent, et ces terribles sacrifices humains qu'y a déjà occasionnés, relativement au petit nombre de personnes occupées à de simples reconnaissances, sans même avoir encore attaqué le sol, et y occasionnera, dans une bien plus effrayante proportion, l'insalubrité du climat, lorsqu'au milieu d'une foule grouillante, s'agitant dans une atmosphère humide, surchauffée et vaporisée par un soleil ardent, les travaux dans tout leur développement, viendront découvrir et fouiller ces amas infects et pestilenciels de détritus en décomposition, et ces millions d'insectes et d'animaux immondes des marais du Chagres, encore cachés sous le voile et le tapis de verdure de la végétation paludéenne des pays tropicaux.

L'orgueil, l'amour-propre froissé, l'envie, la mauvaise foi et le dédain furent pour quelque peu dans la décision du Congrès de Lesseps ; mais ce que je puis surtout ajouter, c'est que les principaux intéressés dans l'affaire de Panama n'ont tant insisté pour le Canal sans écluses que parce qu'ils sentaient bien qu'en admettant le principe des écluses ils ne pouvaient soutenir la comparaison, et qu'ils perdraient définitivement les bénéfices de leur concession Colombienne.

Description d'un Canal à écluses à Panama.

Voici comment j'entendrais l'exécution du Canal à Panama :

Il faudrait 4 écluses de chaque côté, c'est-à-dire sur chaque versant, soit 8 en tout, de 10 et 5 mètres de dénivellation pour monter dans un lac de 35 mètres d'altitude, servant de bief supérieur, qui serait formé de la vallée du Chagres submergée, de Matachin jusqu'à Gatun, au moyen d'un premier barrage établi en ce dernier endroit, à 10 kilomètres de la mer, et où, par trois écluses réunies, on descendrait de 30 mètres immédiatement sur place, dans un second bief intermédiaire, de 5 mètres d'altitude au dessus du niveau de l'Atlantique, également composé du lit du Chagres, pour aller aboutir, à son embouchure, à la ville de Chagres, sur le Pacifique.

La conversion en un lac de la vallée du Chagres, étroite et parfois, depuis le haut Chagres jusqu'à Gatun, très-resserrée entre montagnes, ne peut faire aucun doute. Il tombe dans l'isthme de Panama, sur le versant de l'Atlantique, cinq fois plus d'eau qu'il n'en faut pour l'alimenter.

La tranchée au lieu de s'étendre, dans toute la traversée de l'Isthme, avec 9 à 10 mètres au-dessous du niveau des mers, ne comprendrait plus que le sommet du massif à couper et décapiter sur seulement 8,500 mètres de longueur, du quarante-huitième kilomètre à Paraiso, avec une profondeur, jusqu'au plafond du canal, variant entre 10 et 65 mètres, une inclinaison des talus de 1 1/2 pour 1 et une largeur d'ouverture au sommet variant de 55 à 220 mètres.

Ainsi que vont l'établir les calculs ci-après, le cube des déblais de cette tranchée, avec prolongement des biefs successifs pour la descente du versant de Panama, et autres différents déblais, comprendrait environ 32 millions de mètres cubes, qui seraient employés en partie au terre-plein à établir sur les récifs de Panama, ainsi qu'il sera expliqué ci-après, mais surtout au barrage de Gatun, où ils seraient facilement et économiquement transportés par eau, par un procédé qu'il est inutile d'expliquer ici, sans qu'il soit besoin de nombreuses voies ferrées.

Embouchure du Canal à la ville de Chagres.

Le Canal ne doit pas avoir pour issues à la mer les deux embouchures indiquées ; toutes les deux sont très-mal choisies, surtout celle de Colon, où on n'est venu aboutir que parce qu'il y a le chemin de fer, comme ceux qui, pour faire une route, veulent utiliser les anciens chemins avec toutes leurs difficultés et leurs inconvénients, sans même porter leurs vues ailleurs.

Il doit, sur l'Atlantique, aboutir à la ville de Chagres, en continuant de Gatun à suivre le cours du Chagres, dont le lit est un beau et large canal tout fait, ni plus ni moins long que la ligne de Colon, et qui, rempli à pleins bords, grâce à un second mais petit barrage de relèvement de 5 mètres de hauteur, établi, avec une dernière écluse à son embouchure dans le port, aurait immédiatement la profondeur voulue pour un canal maritime, sans avoir à remuer ces millions de mètres cubes de vases infectes s'étendant de Colon à Gatun, et se prolongeant jusqu'à Matachin.

Au besoin, quelques petits épaulements de 1 à 2 mètres d'élévation, sur à peine 1,000 mètres d'étendue, seraient établis de Gatun aux premières collines de Mindi pour empêcher le débordement de ce côté, par la coulée du chemin de fer, des eaux surélevées de la rivière.

Un petit port d'entrée serait creusé à l'embouchure du Chagres. Quelques hectares seraient suffisants, puisqu'une fois la première écluse passée, on se trouverait dans le lit de la rivière, converti en un large bief intermédiaire, où pourraient en toute sûreté stationner les navires, sur 10 kilomètres de longueur, sans nuire à la navigation.

En effet, le tout, port et bief intermédiaire, serait derrière les hautes montagnes boisées de Mindi, parfaitement abrité contre les tempêtes du Nord-Est, si dangereuses à Colon.

Heureuses conséquences du projet, relativement au Chagres.

La conversion en un lac de la vallée du Chagres aurait pour heureuses conséquences :

1º L'emmagasinage des eaux de cette rivière sans dorénavant avoir à redouter les terribles effets de ses crues.

2º Aucun apport ni dans le bief intermédiaire, ni dans le port, tout se déposant dans les eaux calmes et profondes du vaste bief supérieur, sans pouvoir nuire à la navigation pendant bien des siècles.

3º Une vaste voie de navigation toute faite sur 47 kilomètres, sans aucun travail, dans laquelle les navires pourraient marcher à toute vitesse, regagnant bien des fois le court laps de temps employé aux écluses.

4º Enfin destruction sous de grandes masses d'eaux vives de la majeure partie des causes d'insalubrité, lorsqu'au contraire ce sera la mort de centaines de mille hommes, et l'infection de toute la contrée, si on persiste à fouiller ces vases putrides pour y creuser un Canal impossible.

L'autre embouchure à Panama même.

Sur le Pacifique, le Canal ne doit pas aboutir à la bouche du rio Grande, mais bien au milieu même de la ville de Panama.

Il devrait quitter le rio Grande à peu près à l'endroit où le quitte le chemin de fer, dont il suivrait la direction de la ligne en s'abaissant successivement de 30 mètres, au moyen de 3 biefs et de 3 écluses, espacées entre elles selon les nécessités de la pente du terrain, en l'établissant partie en tranchée et partie en remblais, pour descendre sur Panama, le traverser en pleine ville, et s'étendre et se prolonger avec 5 à 6 mètres d'altitude jusque sur l'extrémité des récifs de roches de cette ville, s'étendant et émergeant au loin dans la mer. Il se terminerait par un vaste bassin à flot d'eau douce, de 2 à 3 hectares de superficie, facile à établir sur la roche nue des récifs, et débouchant, par de doubles portes, formant écluses de marée, dans un chenal de 300 à 400 mètres de longueur, conduisant aux profondeurs de 8 mètres, à mer basse.

DEVIS ET ESTIMATION DES TRAVAUX

Tranchée du sommet.

Son plafond serait à 27 mètres au-dessus du niveau des Océans, ce qui, avec 8 mètres de tirant d'eau dans le Canal, porterait la ligne d'eau à 35 mètres d'altitude.

Dans ces conditions, la tranchée s'étendrait du 47ᵉ kilomètre 500 mètres au 56ᵉ kilomètre, à Paraiso, où elle déboucherait dans la vallée du rio Grande, comprenant ainsi 8,500 mètres de longueur.

La largeur au plafond serait uniformément de 25 mètres.

Les talus auraient 1 1/2 pour 1 d'inclinaison.

Sur les 2,000 premiers mètres, versant de l'Atlantique, sa profondeur moyenne serait de 20 mètres, sa largeur au sommet de 85 mètres, et celle moyenne de 55 mètres, ce qui donnerait $55^m \times 20^m = 1100^{m2} \times 2000^m =$ .... 2.200.000^{m3}

Sur les 3,500 mètres suivants, la profondeur moyenne serait de 30 mètres, l'ouverture au sommet de 115 mètres et la largeur moyenne de $70^m \times 30^m = 2100^{m2} \times 3500^m =$ .... 7.350.000^{m3}

Sur les 2,000 mètres suivants, la profondeur moyenne serait de 65 mètres, l'ouverture au sommet de 220 mètres, la largeur moyenne de $122^m 50 \times 65^m = 7962^{m2} 5 \times 2000^m =$ ...... 15.925.000^{m3}

A reporter............ 25.475.000^{m3}

$$Report\dots\dots\dots\dots \quad 25.475.000^{m3}$$

Sur les 1,000 derniers mètres, la profondeur moyenne serait de 14 mètres, l'ouverture au sommet de 67 mètres, la largeur moyenne de 46$^m \times$ 14^m = 644$^{m2} \times$ 1000^m = ... 644.000^{m3}

Du kilomètre 56 à Panama la distance est de 15,000 mètres, sur lesquels 2,000 mètres de canal seraient en lit de rivière du rio Grande, barré un peu plus bas, et le surplus, soit 13,000 mètres, répartis en 3 biefs successifs s'abaissant chacun de 10 mètres, ce qui, en conduisant les biefs en déblais et remblais combinés, peut donner des tranchées successives d'une profondeur moyenne de 8 mètres, avec une largeur moyenne de 37 mètres. On a ainsi 37$^m \times$ 8^m = 296$^{m2} \times$ 13.000^m = ... 3.848.000^{m3}

Total des déblais de ces tranchées.... 29.967.000^{m3}

Trente-deux millions de mètres cubes de déblais. Coût du Canal.

A quoi il faut ajouter ceux des ports d'entrée, des écluses et autres imprévus, soit environ deux millions, ce qui, en chiffres ronds, élève le total à 32 millions de mètres cubes de déblais, évalués à raison de 6 fr. 50 en moyenne le mètre cube, extraction et transport compris, à 208,000.000 francs, ci.. 208.000.000 fr.

Appropriation du port d'entrée, à Chagres, d'une superficie de 5 hectares environ, suffisante en raison que les navires ayant passé la première écluse trouveraient, dans le bief intermédiaire, un vaste port intérieur, environ 3.000.000 »

Première écluse y aboutissant .... 2,500.000 »

Premier barrage du Chagres attenant à cette écluse................................ 2.000.000 »

Deuxième barrage du Chagres à Gatun ..... 8.000.000 »

Trois écluses à Gatun.................... 7.500.000 »

A reporter........ 231.000.000 fr.

|*Report*..........   231.000.000 fr.

Trois autres écluses pour la descente du versant de Panama, plus faciles à établir........   6.000.000 »

Endiguement sur les récifs de Panama, pour
prolonger le Canal le plus possible en mer,
avec 5 mètres d'altitude et avec bassin à flot
d'eau douce à l'extrémité, environ 4,000 mètres
de longueur de maçonnerie pour les deux
côtés, sur 6 mètres d'élévation et une épaisseur
moyenne de 3 mètres, ce qui donne 72,000^{m3}
de maçonnerie, à 30 francs, en raison que la
pierre proviendrait des excavations..........   2.200.000 »

Ecluse à marée à l'extrémité..............   3.800.000

Un vaste terre-plein en mer serait établi sur
les récifs, autour des digues et de l'écluse, par
le simple dépôt de déblais rocheux provenant
de la tranchée du sommet.

Acquisition du chemin de fer devenu inutile   134.000.000

Dépenses faites à ce jour ainsi qu'il résulte
du rapport de M. de Lesseps................   108.000.000

Ensemble...................   485.000.000 fr.

Imprévus, seulement 5 0[0 en raison des dé-
penses et des préparatifs faits jusqu'à ce jour..   25.000.000

Total.....................   510.000.000 fr.

Le travail pourrait durer 5 ans. Il convient,
par suite, d'ajouter les intérêts pendant ce temps
sur une moyenne de 400.000.000 francs en-
viron, soit de ce chef à 5 0[0.............   100.000.000

Ce qui élève le total général à............   610.000.000 fr.

Comment sauver Panama ?

On voit ainsi qu'en revenant à l'idée rationnelle d'un canal à
écluses, il serait toujours possible de sauver la situation de
Panama et d'en faire encore une assez bonne affaire ordinaire.

Quant aux rêves dorés que, comme Law. M. de Lesseps a fait faire à ses actionnaires, il faut que ceux-ci en fassent leur deuil, heureux si, par leur fermeté, ils obligent à adopter le système tant bafoué d'un canal avec écluses, pour faire de leur première mise un placement ordinaire.

Il y a maintenant devoir et nécessité pour eux d'adopter cette marche : *quant à présent, faire la souscription des 250,000 obligations qui vont être émises pour parfaire le paiement du chemin de fer, ensuite insister fermement pour un canal avec écluses.*

Il n'y a plus aujourd'hui que M. de Lesseps d'opposé à cette solution, il leur sera donc facile de l'obtenir.

Avantages par Nicaragua.

Mais quant aux merveilleux bénéfices que doit procurer le canal interocéanique à ceux qui l'exécuteront, ils seront uniquement pour les heureux bénéficiaires du canal par Nicaragua, en raison du peu de dépenses qu'il occasionnera, surtout si, dans ses quelques parties en tranchées, on ne l'exécute que de moyenne grandeur pour l'usage des navires de moindre tirant d'eau.

Je ne crois pas utile de le démontrer de nouveau, l'ayant déjà fait dans mes nombreuses publications sur cette question. notamment dans celle de 1879, que j'ai publiée en espagnol, aussitôt après le congrès, pour protester contre ses décisions en montrant les grandes facilités d'exécution d'un canal par le Nicaragua.

Il serait d'ailleurs, pour mes amis et moi, préjudiciable à nos intérêts de le démontrer ici de nouveau.

Je me réserve toutefois de le faire en temps opportun, à notre bénéfice exclusif, par la publication de cette partie de mon travail complétée, depuis le congrès de Lesseps, par mes nouvelles études sur les lieux et les nouveaux documents que j'y a recueillis durant les quinze mois de mes deux derniers voyages au Centre-Amérique.

Il me suffit de dire aujourd'hui que le canal de Nicaragua, même établi dans des conditions de grandeur identiques à celles que je viens d'indiquer pour celui de Panama, ne coûterait qu'une bien faible partie du prix calculé pour ce dernier.

Jonction des lacs du Nicaragua. — Culture du caoutchouc. — Salubrité.

Notre rôle, pour l'instant, doit se réduire à exécuter promptement le canal de jonction des deux grands lacs du Nicaragua, que vient de nous concéder cet État, afin de nous permettre de faire promptement, à travers son territoire, le transit entre les deux Océans d'une partie des marchandises et des voyageurs passant aujourd'hui par le chemin de fer de Panama ; et aussi à planter du caoutchouc dans les immenses propriétés que nous a également concédées le Nicaragua, ce qui vaut peut-être mieux que le canal de Panama, mais doit, en tout cas, être très avantageux puisque M. de Lesseps lui-même, en adversaire généreux, veut bien le reconnaître dans son rapport.

Je le prie de croire toutefois que nous n'aurons pas besoin de son canal pour passer ce précieux produit et tous ceux auxquels, de son aveu, sont, comme aux personnes (1), si favorables le sol et le climat du Nicaragua.

Confusion avec M. Blanchet, de Panama, mon homonyme

Le lecteur voudra bien me permettre une digression un peu personnelle, mais cependant pouvant quelque peu aider à faire la lumière.

Comme le font en parlant de moi, beaucoup de mes amis, je crois devoir ajouter à mon nom, Blanchet, la désignation « du Nicaragua », pour bien empêcher la confusion avec mon homonyme M. Blanchet, chef des travaux du canal de Panama, mort dans l'Isthme le 7 novembre dernier, frappé subitement de la fièvre du Chagres, comme Bionne, le secrétaire général de la Compagnie, Etienne, l'ingénieur en chef, Bertrand, son secrétaire, et tant d'autres.

---

(1) Dans le numéro du 15 juin de cette année, du Bulletin du canal interocéanique par Panama, page 887, il est dit textuellement :

« Le Nicaragua, sous un climat chaud, *mais exceptionnellement sain*, se » prête admirablement à l'acclimatation des Européens. »

Ce qui d'ailleurs est la plus exacte vérité, bien que les mêmes adversaires l'aient tant contesté au Congrès, prétendant que, sous le rapport du climat, Nicaragua et Panama ne valaient pas mieux l'un que l'autre.

Ce fut, paraît-il, un peu grâce à cette similitude de nom que mon homonyme, un ancien zouave, conducteur des ponts et chaussées en Algérie, d'ailleurs des plus capables de l'entreprise de Panama, et une véritable perte pour cette Compagnie, fut choisi par M. de Lesseps et envoyé à la tête des travaux du canal, afin qu'on pût croire que c'était le même M. Blanchet si chaud partisan du canal par le Nicaragua qui s'était rallié à celui par Panama, et qu'il n'y avait plus d'opposants.

A cette occasion, je reçus de mes amis d'assez nombreuses lettres de félicitations ironiques, voire même de reproches.

Au Nicaragua, on crut également pendant quelque temps à ce changement de ma part, et pour le public, cela ne fit aucun doute.

M. de Lesseps contribua surtout à propager cette croyance, notamment dans une de ses conférences. A l'appui de la facilité d'exécution du canal de Panama, il citait de nouvelles études faites sur les lieux par l'habile et dévoué M. Blanchet, lorsque quelqu'un exprimant tout haut son étonnement d'un tel changement d'opinions de la part de ce dernier, il lança à l'interrupteur cette présomptueuse réplique :

« Est-ce que tout le monde ne vient pas avec moi. »

La mort foudroyante de mon homonyme de Panama arrivée durant mon dernier voyage au Nicaragua, alors que l'on ne pouvait guère avoir de mes nouvelles avant deux mois, fut encore l'occasion de répandre de nouveau la croyance que c'était moi. On y réussit à souhait.

Des journaux insérèrent une note nécrologique dans laquelle on lit :

« M. Blanchet était directeur des travaux du canal (de Panama),
» mais nous devons dire qu'auparavant il avait prôné énergi-
» quement le projet d'un canal avec des écluses par le Nicara-
» gua, et que nous ne connaissons pas trop les raisons qui
» l'avaient fait renoncer à ses idées pour se rallier au tracé par
» Panama de M. de Lesseps, qu'il avait toujours vigoureusement
» combattu. »

A l'occasion de cette note, l'honorable M. Pector, consul du Nicaragua à Paris, crut de son devoir de faire insérer une rectification dans *l'Economiste français* (numéro du 18 février 1882), journal de M. Paul Leroy-Beaulieu, membre de l'Institut.

Mais voici qui est le comble :

On pourrait croire que ces messieurs de Panama, à force de le dire aux autres, ont fini par se le persuader. M. Ch.-Aimé de Lesseps ne disait-il pas dernièrement à un de mes amis : « Eh bien ! votre ami, M. Blanchet, est donc mort ? »

Peut-être était-ce par ironie ! Mais que ces messieurs se rassurent, je ne suis encore mort ni physiquement ni moralement. Je puis leur en donner la preuve quand ils voudront.

Je conclus en disant qu'au milieu de l'épaisse obscurité de cette affaire de Panama, et d'ailleurs pour me conformer aux désirs de M. de Lesseps lui-même, j'ai cru convenable de mettre un peu de lumière dans cette maison qu'il nous disait, au Congrès, devoir toujours être de verre, pour qu'on puisse mieux voir ce qui s'y passerait.

On voudra bien reconnaître que je l'ai fait franchement, sans réticences, en adversaire loyal et ne cherchant que la vérité.

Ar.-P. BLANCHET,

Du Nicaragua.

Paris,   juillet 1882.

IMP. E. SIRE, BOURGES.